Bernard Friot

W0341082

Je t'aime, je t'aime, je t'aime...

POÈMES *pressés*

MILAN

Je t'aime, je t'aime, je t'aime...

POÈMES
pressés

Du même auteur
dans la même collection
À mots croisés
La Bouche pleine

© 2007, Éditions Milan, pour la première édition
© 2014, Éditions Milan, pour le texte et l'illustration
de la présente édition
1, rond-point du Général-Eisenhower,
31101 Toulouse Cedex 9, France
Loi 49-956 du 16 juillet 1949
sur les publications destinées à la jeunesse
ISBN : 978-2-7459-7179-1
editionsmilan.com

En latin en chinois en letton
à mille voix à l'unisson
en rime ou sans raison
de trente-six façons
je vais te dire
te dire que je t'aime.

Guirlandes et flonflons
serpentins et lampions
flûtes et accordéon
de trente-six façons
je vais te dire
te dire que je t'aime.

De trente-six façons
et même un peu plus
parce que
quand on aime
on ne compte pas
oh non
on ne compte pas.

Alors commençons :

je t'aime comme ci
et comme ça

salsifis
et rutabaga

salé poivré
très épicé

grillé doré
ou crudités

salade de fruits
pizza raviolis

ananas et poule au riz
sans oublier

trois cuillérées
de crème fouettée

Ah oui
l'amour me donne
de l'appétit

Mon petit moineau
mon colibri
mon grain de beauté
ma descente de lit
mon bijou mon caillou
mon bel hibou très doux
ma lune ma rivière mon chaton
ma gazelle mon rhododendron
pour dire toutes tes merveilles
je dois
je crois
feuilleter listes et catalogues !
Tu es belle et douce et drôle et
gracieuse enjôleuse lumineuse
lunatique idyllique magnifique
charmante élégante ensorcelante
pour parler de toi
je dois
je crois
apprendre par cœur le dictionnaire.

Doré
comme un pain frais
croustillant à souhait
l'amour
c'est craquant.

Et sous la croûte odorante
la mie est fondante.

Je vais m'en couper une tranche
la tartiner
de beurre et de confiture
et croquer à belles dents
pour bien commencer
la journée.

je le crie sur les toits

je le hurle à la lune

je grimpe aux murs en y pensant

je saute en l'air en le disant

je t'aime je t'aime à la folie

j'en ai des frissons dans le dos

les cheveux qui se dressent sur la tête

les dents qui claquent les genoux qui tremblent

yeux exorbités doigts de pied électrisés

hou là là c'est excitant

exaltant étonnant époustouflant

vraiment

d'aimer

J'aime aussi vague à l'âme
    doucement mélancolique
tête dans les nuages
    et le cœur en écharpe.
Sourire à moitié
    léger goût d'amertume
comme un regret
    de ne pas aimer assez.
J'aime aussi vague à l'âme
    aux couleurs de l'automne
bientôt il fera froid
    chez moi.
Mais j'irai vers toi
    me réchauffer
tête sur ton épaule
    et cœur sous l'édredon.

Amour glacé
en plein été
un long frisson dans le dos
c'est bon !

Lentement lécher
ou croquer brusquement
aïe les dents !
Je ris tu ris
nous rions
glaçon
c'est bon !

Amour engourdi
amour oreiller mou
j'y pose ma tête endormie
et je rêve d'orage
et d'ouragan.

Réveille-moi
par un baiser enflammé
sur les lèvres ou dans le cou
réveille-moi
et dis-moi
oh oui dis-moi
que la nuit est finie.

Et si l'on trempait l'amour
dans le chocolat fondu

amour enrobé
saveurs cacao et café

Je lèche au coin de tes lèvres
tes moustaches chocolatées

Ne pas abuser
de cet amour-là

attention les gourmands
il est un peu écœurant

penser à avaler
pour mieux digérer
un verre d'eau glacée

Amour gymnastique
un deux un deux
inspirez expirez
c'est très très physique
flexion extension
course d'élan et triple saut
périlleux !
Des bosses des entorses
souvent ça se termine
à l'infirmerie.

Alors pour consoler
le blessé
on dépose sur ses plaies
une caresse et un baiser.

Moi je connais
l'amour distrait
tête en l'air nez au vent
il est horriblement
agaçant !
Il oublie les rendez-vous
se trompe d'heure et de jour
et confond les prénoms.
Mouchoir noué
petit mot griffonné
rien n'y fait
il ne sait plus où il en est.

euh

c'est-à-dire

je n'ose pas

ah

peut-être

eh bien

enfin je…

oh non

mais si

(il rougit)

quand il est timide
l'amour
a des silences
infinis

On peut aimer
zim bam boum taratata
orphéons et fanfares
trompettes et cymbales.

Ou bien piano pianissimo
chut moins fort s'il vous plaît
pas de bruit surtout pas déranger.

On peut aimer
tango rock ou reggae
rires et **claquements** de doigts
corps enfiévrés affolés.

Ou bien très tendrement
slow valse lente
éteignez les lumières
et laissez-nous
laissez-nous seuls
jusqu'à demain on dansera
jusqu'à demain on s'aimera.

J'aime

je n'aime pas

peut-être oui peut-être non

je ne sais pas ça dépend

on verra bien c'est selon

franchement

c'est embêtant

un amour hésitant

enfin

je ne sais pas ça dépend

peut-être oui peut-être non

Et vous

qu'en pensez-vous ?

Bulle de savon

ballon envolé

l'amour est léger

danger !

coup de vent *bourrasque*

il s'échappe

et bientôt

é c l a t e.

Bulle de savon

ballon envolé

l'amour est léger

danger !

Bavard
intarissable
loquace
volubile
cet amour-là aligne les mots
en farandole
et déverse des flots des flots de paroles
sans point ni virgule sans retour
à la ligne.
Il se répète se contredit s'épanche se confie
impossible de lui clouer le bec
vrai il me casse la tête !
Lui mettre un bâillon
lui trancher la langue ?

Non je n'ose pas.
Alors me boucher les oreilles
je reste sourd je n'entends pas
oui c'est cela
on aime mieux
en se taisant.

Vite vite
tout de suite
amour pressé
pas le temps
de finasser
vite vite
tout de suite
c'est déjà commencé ?

Non
déjà fini
eh oui
aujourd'hui
l'amour
est rapide
comme l'éclair !

Tu m'aimes ?

Un peu ? Beaucoup ?

Passionnément ? Vraiment ?

Pourquoi ? Comment ?

Et où ? Et quand ?

Amour en point d'interrogation
des doutes des questions
beaucoup d'hésitation.

Non ce n'est pas la solution :
il faut aimer sans raison
sans peur et sans explication.

Ah oui ?

Pourquoi ?

ciel bleu
amoureux

temps gris
des soucis

nuages bas
ça ne va pas

éclaircies
on revit

souvent l'amour varie
comme la météorologie.

J'aurais voulu
le prendre au dépourvu
j'ai essayé
de le désarçonner
je pensais bien
être le plus malin.

Mais c'est lui qui m'a surpris.

Non ce n'était pas prévu
je t'aime inattendu
j'en suis tout étonné
l'amour a gagné
mais je n'ai pas perdu.

Silence froissé
amour déchiré

mon cœur chiffonné

à lisser repasser

une caresse de ta main

velours ou satin

plus de faux plis

plus de soucis

fini

mon chagrin.

Amour de Lune

Colombine et Pierrot

amour Soleil

mettez des lunettes

Amour Vénus

fruit défendu

amour Pluton

atome et réaction

amour sur Mars

je rends les armes

l'amour est au centre de l'univers

depuis le big bang planétaire

Je t'aime je t'aime je t'aime je t'aime
dix fois cent mille et mille fois
Je t'aime je t'aime je t'aime je t'aime
le répéter encore le répéter
le dire le redire le ressasser
sans varier sans rien ajouter
seulement je t'aime je t'aime je t'aime je t'aime
Je t'aime je t'aime je t'aime je t'aime

Pour aimer trois mots c'est assez
puisqu'ils sont neufs chaque fois qu'on les dit
puisqu'on les réinvente à chaque instant
quand on aime
et moi je t'aime je t'aime je t'aime
je t'aime j
je t'ai
je t'aime j
je t'aime je t'a
je t'aime je t'a
je t'aime

aime je t'aime je t'aime

ah oui

e je t'aime je t'aime je t'aime

à l'infini

t'aime je t'aime je t'aime

sans compter

ne je t'aime je t'aime

et même

ne je t'aime je t'aim

e t'aime je t'aime je t

Je te parle
tu n'entends pas
j'agite les bras
tu ne me vois pas.

Dos tourné
oreilles bouchées
déjà
tu m'as oublié.

Amour volage volatil
tu n'as fait que passer
mais dans mon cœur tu as laissé
ta marque indélébile.

TIC TAC CLIC CLAC
il tourne rond bien huilé
toujours à l'heure remonté
mon bel amour
MÉCANIQUE

Il n'est pas très
ROMANTIQUE
mais j'aime ses systèmes
ÉLECTRONIQUES
roues vis et piles
ÉLECTRIQUES
et sa façon
AUTOMATIQUE
de distribuer caresses et baisers
SUFFIT D'APPUYER SUR LE BOUTON
commence la distribution

Et s'il tombe en panne
pas grave
il est sous garantie
je crois
c'est écrit dans la notice
(en tout petits caractères d'imprimerie)

Dans la foule je l'ai perdu
il est tombé m'a échappé
je ne sais plus
j'ai voulu le ramasser
mais on m'a poussé bousculé
éloigné

Des pas des pieds l'ont piétiné écrasé
abîmé
quand la foule s'est dispersée
partout je l'ai cherché
mais de lui rien
plus rien ne restait.

Sur un banc je me suis assis
et comme un enfant j'ai pleuré

un vieil homme est passé
sur mon épaule sa main s'est posée
et simplement il a dit :
« Allez donc demander
aux objets trouvés. »

Et c'est là que je l'ai revu
mon petit amour perdu
il était un peu cabossé
mais contre mon cœur je l'ai serré
j'ai réparé ses deux ailes froissées
et toujours toujours je le garderai
mon pauvre amour rafistolé

car c'est le seul

le seul que j'ai.

Trois cuillérées
d'amour condensé
dans un verre d'eau glacée.
Bien remuer
laisser reposer.
Un quart d'heure après
avaler
d'un trait.
C'est bon c'est frais
vraiment parfait
au plus fort de l'été.
Trois cuillérées
d'amour condensé
dans un verre d'eau
glacée.

Faut-il habiller l'amour en tenue de soirée
smoking et souliers cirés ?

Ou le laisser courir un peu débraillé
bermuda et chemise rayée ?

Faut-il l'emmitoufler de la tête aux pieds
pull chaussettes et bonnet ?

Ou le vêtir léger
jeans t-shirt et petit gilet ?

Eh bien moi je le sais je l'ai vu
l'amour est beau quand il est nu.

Quand il est mort

je l'ai mis dans une boule en verre
avec tous les objets qu'elle aimait bien
un nain de jardin une lampe de poche
une montre en or un sac à main
deux clochettes un sablier.
J'ai ajouté trois canards dans leur mare
des tulipes et deux rosiers
un cerisier et des lilas.

Et voilà

il est sur ma table emprisonné
et parfois je le prends dans la main
je le retourne je le secoue
et sur mon amour mort
amour sous verre souvenir
tombe la neige
flocons et paillettes
amour sous verre souvenir.

Amour mystère
amour secret
oui il faut le taire
bouche cousue lèvres fermées
ne rien révéler pour le garder

Amour mystère
amour secret
dur dur de le taire
langue pendue mots envolés
je le sens ça va m'échapper
sur les toits je vais le crier

Mais si tu mets
tes lèvres sur les miennes
je le promets
je resterai muet

Ah Dieu que c'est bête
entre mes doigts l'amour s'est brisé
plus fragile qu'une allumette
il est fendu il est brisé
peut-être n'aurais-je pas dû

jouer avec

Ah Dieu que c'est bête
entre mes doigts l'amour s'est brisé
mais où donc avais-je la tête
il est perdu il est fêlé
vraiment je n'aurais pas dû

jouer avec

Non non ça ne va plus
mon amour autrefois si menu
est devenu rond et joufflu.
Allez c'est décidé pas de pitié
au régime il est condamné
viande grillée carottes râpées
et boissons vitaminées.
Fini les sucreries câlins et gâteries
il faut réduire les calories !
Mon amour enrobé mon amour grassouillet
je le veux mince et élancé
frêle et distingué
pour qu'il puisse se faufiler
à travers portes et verrous fermés
jusqu'à ton cœur cadenassé.

Papier cadeau ruban doré
il est bien emballé.
Papier de soie carton épais
il est bien empaqueté.
Amour de porcelaine
fragile bibelot
éviter heurts et cahots
au moindre choc il est cassé
en mille morceaux
et j'en aurais le cœur brisé

en
mille
morceaux

Entendez comme il chante
perché sur la plus haute branche
d'un micocoulier.

Quelle voix ensorcelante
j'en ai le cœur qui tremble
à l'écouter.

Amour rossignol
en clé de *fa* en clé de *sol*
à mon tour je vocalise
mais j'ai une voix de casserole
et le bel amour emplumé
s'enfuit à tire-d'aile
pour chanter couplets et refrains
au sommet d'un grand pin.

Jamais il ne me laisse tranquille
il me tourmente m'agace me harcèle
vraiment il m'horripile et m'exaspère
cet amour a langue de vipère.

« Elle est trop bien pour toi » insinue-t-il
« Jamais elle ne t'aimera » susurre-t-il

Tais-toi petit imbécile
je ne t'écoute pas.

Mais non pas de repos
il me nargue me défie
ricane dans mon dos
répand partout ses perfidies.

Eh bien, tant pis pour toi

je te saisis par le cou
t'enferme dans un sac
te cache dans un trou.

Je sais elle est trop bien pour moi
c'est sûr jamais elle ne m'aimera

mais quand même
je l'aime
malgré tout
malgré moi.

Amour limace et limaçon

jamais tu ne parviens au but

plus lent qu'une tortue

tu traces de grands ronds

au lieu d'aller tout droit

vers celle qui n'attend que toi.

Bientôt elle se lassera

et quand enfin tu seras là

elle t'aura délaissé

pour un amour plus pressé.

amour

baiser

Caresse

désir

embrasser

folie

galanterie

harmonie

(hormones aussi)

incurable ou illusion ou inanition

(car l'amour ça coupe l'appétit)

joie

(parfois)

joue

(baiser sur la)

je

(et tu pour faire nous)

j'ai essayé de classer l'amour par ordre alphabétique

hélas le k est un cas une katastrophe

alors à k ça s'arrête là.

H_2O CO_2

l'amour est une chimie surprenante
composition inconnue
oxygène édulcorant hydrogène et colorants
poudre aux yeux sourire béat
un peu de miel des larmes parfois.

Dans un laboratoire mystérieux
j'expérimente des mélanges hasardeux
éprouvettes serpentins
je mixe j'agite je distille
un élixir sulfureux.
Imprudent j'ai voulu le goûter
trois gouttes ont suffi et
je suis tombé amoureux de la laborantine
la belle la douce Gwendoline

H_2O CO_2

l'amour est une chimie détonante.

Souvent l'amour est hors la loi
il se moque des normes des règlements.
Je connais près de chez moi
quelques exemples éclatants.

Julien
est amoureux de son voisin
Damien

Lucie dit qu'Émilie
est son mari

la femme du boulanger
a pour amant un jardinier

et la mamie
d'Élodie
a un petit ami
d'à peine vingt-six ans et demi.

Les gens alors sont médisants
ils papotent commentent condamnent absolument.

Laissez-les parler ne les écoutez pas
la loi le règlement c'est « aimez »
tout simplement.

Amour désenchanté
désert glacé cœur éclaté
c'est fini elle est partie.
Ciel gris hiver ennui
oui ça arrive aussi
amour déglingué
le ressort a cassé.
Portes fermées volets tirés
il faut panser les plaies.
Et puis par la serrure perce un rai de lumière
jamais vraiment l'amour ne désespère
un souffle d'air et sous la cendre
rougeoie la braise.

Demain
oui demain
à nouveau
j'aimerai.

Dans un pré de Franche-Comté
entre Motey et Champagney
une vache aimait un TGV.

Elle était folle de son corps élancé
de ses yeux étonnés de son nez allongé.

Deux fois par jour,

il passait comme un éclair
10 h 11 - 17 h 26 il respectait l'horaire
et la vache meuglait d'amour
à chaque aller-retour.

Un jour le TGV l'aperçut
et son moteur en fut ému.
En plein champ il s'arrêta
vers lui elle galopa
et sur le nez du TGV
la vache déposa
un doux baiser.

Il n'est jamais reparti
le TGV Besançon-Paris
à tout jamais il est resté
dans un pré de Franche-Comté
entre Motey et Champagney
et désormais on peut l'affirmer :
parfois l'amour fait dérailler.

L'amour est un piètre écolier.
D'abord il ne sait pas compter
avec lui un et un ne font pas toujours deux
En grammaire ce n'est pas mieux
il mélange singulier et pluriel.

L'orthographe ? Désastreux !
Il confond régulièrement *il* et *elle* !

Et quel élève effronté !

À cause de lui le maître est amoureux
de l'institutrice du CP !

Un soir après minuit
l'amour soudain s'est endormi.
Blotti tout contre moi
assoupi
il ronflait un peu je crois.

Je n'osais plus bouger
ému je l'observais
ses yeux fermés
son petit nez
et sur la joue un grain de beauté.

Et puis à mon tour je me suis mis à bâiller
sur mes paupières le sommeil a pesé
et moi aussi je me suis endormi
blotti tout contre lui.

J'entends depuis toujours
parler du grand amour.
Mais combien mesure-t-il ?

Trois millimètres ?

T r e n t e - t r o i s   c e n t i m è t r e s

o u   q u a r a n t e - d

Tient-il dans une
boîte d'allumettes
ou lui faut-il pour dormir le lit d'une rivière ?

Je suis allé trouver un mathématicien
il m'a dit qu'il n'en savait rien.

Je suis allé trouver un géomètre
il m'a envoyé paître.

ux kilomètres ?

Alors comment le reconnaître
le grand amour quand il viendra ?

Est-il
nain
est-il
géant

pourrai-je le prendre dans mes bras
est-ce lui qui m'emportera ?

Est-il nain est-il géant
le grand amour que j'attends ?

J'ai tout misé
tout donné
tout perdu
et tout reçu.
À toi de jouer
à toi d'aimer.
Je bats les cartes
coupe je distribue
j'ai la reine
tu as le roi
qui a l'atout
ce n'est pas moi.
J'ai tout misé
tout donné
tout perdu
et tout reçu.

Celui-là
je l'aime
qui ne dit rien.

Petit amour de trois sous
modeste
effacé
il ne fait pas de bruit
passe inaperçu.

Amour de rien dont personne n'a voulu
tu as touché ma main
quand je n'allais pas bien.

Je me suis arrêté
je t'ai tout raconté
tu m'as écouté.

Depuis on ne s'est pas quittés
et tu m'as appris
à aimer.

Je t'aime
passionnément
gourmandement

Je t'aime
à la framboise
à la banane
à l'abricot

Je t'aime
à la vanille
à la cannelle
au gingembre confit

Je t'aime
à la moutarde
au vinaigre
et aux petits oignons

Je t'aime
en sauce ou sur du pain grillé
en papillote
ou à la croque-au-sel
oh oui jolie demoiselle

Je t'aime aussi nature
toute crue
toute nue !

À trop chanter au clair de lune
mon amour s'est enrhumé.

Il
tousse
tousse
c r a c h e
et se
m o u c h e
malgré bonnet et cache-nez
et sa voix enrouée
coasse des « je t'aime » éraillés.

Bois du sirop un grog ou du lait chaud
enfile des chaussettes des mitaines
un épais manteau de laine
et puis va te coucher.

Moi
pendant ce temps
j'irai danser
avec un amant
plus résistant.

Je *t'imeline* je *t'anabore*
je te *mignodule* je te *tropivore*
je *t'hulubulule* et te *babiboche*
ma *zizalouve* ma *rigaudonne*
mon p'tit *bouchilouchon*
ma jolie *ligotine*.
Pour dire le sentiment qui m'enflamme
j'invente des mots inédits.
« Amour » « Je t'aime » « Ma chérie »
ont perdu toute saveur
comme un chewing-gum longtemps mâché
et mon amour flambant neuf
a besoin d'un vocabulaire inusité.
Tu le comprends au moins
ma *babelette* ma *caravole* ?
Mais oui tu réponds
en collant sur ma bouche
un *binoufou* passionné.
Oh me voilà muet !
Pas de souci
je sais parler aussi
avec les mains !

Comment dessiner
l'amour que j'ai au cœur ?
Peintures et crayons de couleur
il faudrait pour pinceau
un morceau d'arc-en-ciel
il faudrait pour tableau
un grand carré de lune
et puis pour l'encadrer
deux rayons de soleil
et puis pour l'encadrer
deux rayons de soleil.

Que c'est barbant
l'amour savant.
Barbiche et lorgnons
toujours il me fait la leçon
exercices correction
résumé et interrogations.

Mais l'amour ne s'apprend pas
c'est au-dedans de moi de toi
on l'invente à chaque fois
et il faut tout oublier
pour recommencer.

Tout là-haut il se balance
et d'un coup il s'élance
oh oh les spectateurs étonnés
arrêtent un instant de respirer.

Double saut périlleux haute voltige
l'amour acrobate n'a pas le vertige
inconscient du danger
il saute sans filet

oh

oh

horreur

il

va

tomber…

… dans les bras de la belle Daphné
la dompteuse au regard d'acier
et… et le voilà sous le charme
de l'invincible dame.

On peut dire sans se tromper
qu'il n'est pas près de remonter
sur son trapèze là-haut
tout là-haut
sous le chapiteau.

J'ai fermé les yeux
quand même je l'ai vu.
Me suis bouché les oreilles
mais je l'ai entendu.
Ma bouche j'ai cousu
et pourtant je l'ai dit
crié proclamé
inutile de résister
l'amour est obstiné
impossible de le bâillonner.

Et puis
c'est lui
toujours
toujours
qui a le dernier mot.

Et puis
c'est lui
toujours
toujours
qui a le dernier mot.

Achevé d'imprimer en Espagne par Novoprint
Dépôt légal : 4e trimestre 2017